IDEES USBORNE
COSTUMES DE FETE

Ray Gibson

Rédaction : Cheryl Evans   Maquette : Ian McNee
Illustrations : Chris Chaisty   Photographies : Ray Moller

Remerciements à : Eliza Borton, Johanna Briscoe, Jonathan
Briscoe, Matthew Evans, Ellie Gibson et Harry Gibson
Traduction : Renée Chaspoul

Comment se servir de ce livre

Ce livre te montre comment réaliser toutes sortes de déguisements.
Presque tous les costumes sont faits avec des vêtements que
tu possèdes probablement déjà, comme des tee-shirts et des
sweat-shirts ; ils sont désignés par les termes **Vêtements de base**,
dont la liste figure en tête de chaque costume.
Tu dois transformer ces vêtements ou les accessoiriser pour réaliser
les différents déguisements. Les pièces de chaque costume que tu dois
confectionner sont données dans une liste intitulée **A faire**.
Tu trouveras aux pages 28-29 les listes de tout ce que tu dois acheter
pour chaque costume.

Sommaire

Clown

Vêtements de base : tee-shirt de couleur ; vieux pantalon d'homme trop grand ; collant de couleur ; chaussettes bariolées ; chaussures de gym ou baskets ; gants blancs ; n'importe quel chapeau.

A faire : nœud papillon ; col ; cheveux ; fleur ; boutons ; bretelles. Tu trouveras page 28 la liste du matériel nécessaire.

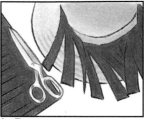

1. Découpe des bandes dans des feuilles de papier de soie de 20 cm de large. Scotche-les à l'intérieur du chapeau en les superposant, sauf au visage.

Tu peux te dessiner un visage de clown sur un fond blanc avec du maquillage.

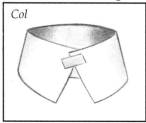
Col

2. Découpe une bande de carton blanc ajustée à ton cou sans le serrer. Lorsque tu mets ce col, scotche les coins supérieurs ensemble.

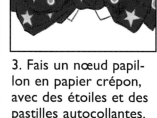

3. Fais un nœud papillon en papier crépon, avec des étoiles et des pastilles autocollantes. Fixe-le au col avec du scotch double face.

4. Coupe une bande de carton rigide à la dimension de la ceinture du pantalon et scotche-la ou agrafe-la à l'intérieur.

5. Découpe des motifs dans du feutre ou des bouts de tissu. Couds-les ou colle-les sur le pantalon.

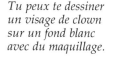
Fais deux trous pour pouvoir coudre les boutons.

6. Coupe deux gobelets en carton à 1 cm du fond. Troue-les avec un crayon pointu.

Écarte les bandes pour former les pétales.

7. La fleur : découpe des bandes dans un long morceau de papier de soie de 8 cm de large. Enroule-le et scotche le bout.

Tu peux aussi scotcher des feuilles en papier de soie vert autour de la fleur.

Tiens un ballon brillant gonflé à l'hélium.

Coupe les jambes d'un vieux pantalon en dents de scie.

Fouille dans les marchés aux puces pour trouver de vieux vêtements multicolores de grande taille et pas chers.

Plus les vêtements sont de couleurs vives et bariolées, plus ton déguisement sera réussi.

L'assemblage du costume

Quelqu'un doit t'aider à revêtir ce costume. Mets d'abord le tee-shirt, le collant, les chaussettes et les chaussures. Puis suis les étapes ci-dessous pour le reste.

Enfile le pantalon et tiens-le au niveau de la taille. Demande à quelqu'un d'épingler les rubans à la taille, au dos et en biais comme ci-dessus.

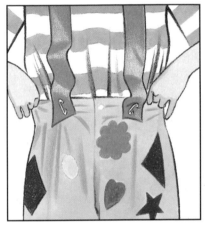

Croise les rubans dans le dos et passe-les sur les épaules. Épingle-les à la taille sur le devant, à la même distance l'un de l'autre qu'à l'arrière.

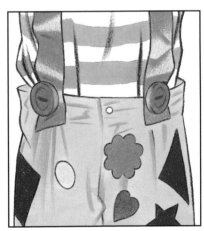

Peins les boutons de couleur vive. Couds-les au bout des rubans avec une aiguille et du fil de coton d'une couleur contrastante.

Mets le col et le nœud papillon, ils ne doivent pas être serrés. Colle ou agrafe la fleur au chapeau. Mets le chapeau et les gants en dernier.

Chat noir et blanc

Vêtements de base : sweat-shirt noir et collant noir épais, ou pantalon de survêtement noir ; chaussettes blanches épaisses ; gants blancs.
A faire : masque ; bavette ; col ; queue ; poisson. Voir page 28 la liste du matériel nécessaire.

Avant de commencer

Coupe un morceau d'ouate de 23 cm x 19 cm, et deux morceaux de fourrure de 70 cm x 20 cm et de 40 cm x 10 cm. Mets-les de côté et garde les chutes. Décalque et découpe le modèle de masque de chat de la page 32 dans du carton mince noir.

3. Pince l'ouate et fais-la bouffer. Colle ces pièces sur les moustaches, comme ci-dessus.

4. Décalque et découpe les oreilles comme on te l'indique page 32. Épingle-les à de la fourrure et découpe.

Le masque

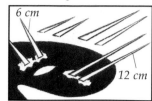

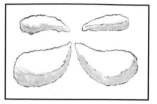

1. Découpe les moustaches dans du carton blanc, quatre longues fines et quatre courtes, puis colle-les comme indiqué.

2. Découpe les joues et les sourcils dans l'ouate restante. Retourne une de chaque pièce pour obtenir des images spéculaires.

5. Fais bouffer des chutes d'ouate et colle-les au centre de chaque oreille, sur le côté non fourré.

6. Plie les oreilles en suivant le pointillé, chacune dans un sens opposé, puis agrafe-les derrière le masque.

La queue

Prends le morceau de fourrure de 70 cm x 20 cm. Encolle un des longs côtés sur la face non fourrée, puis enroule la pièce dans le sens de la largeur, en partant du bord non encollé. Colle de l'ouate à une extrémité.

La bavette

1. Dessine légèrement au feutre la forme ci-dessus sur le morceau d'ouate de 23 cm x 19 cm. Puis découpe-la et fais bouffer l'ouate.

2. Colle des bandes d'ouate hérissées par-dessus, au centre. Fixe la bavette sur le sweat-shirt avec des épingles de sûreté, de l'intérieur.

Le col

Lorsque tu es prêt à revêtir le costume, enroule le morceau de fourrure de 40 cm x 10 cm autour du cou en superposant les longs côtés de façon que la pièce soit à la bonne dimension et attache-le derrière avec une épingle de sûreté.

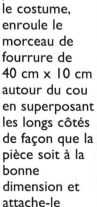

Le poisson

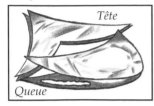   

Sur du papier argenté, dessine deux têtes et deux queues de poisson, puis découpe-les. Colle chaque paire ensemble, en mettant de l'ouate dans la tête.

Colle des boules de papier argenté pour les yeux. La grande arête : plie plusieurs fois une bande de papier argenté de 25 cm de long. Agrafes-y tête et queue.

Plie plusieurs bandes de papier argenté de plus en plus courtes, puis plie-les en V comme ceci, pour faire les arêtes.

Agrafe-les à la grande arête à 3 cm d'intervalle, en plaçant la plus longue près de la tête, puis les autres par ordre de taille décroissant.

Si tu as du maquillage, tu peux te faire un nez noir.

Pour faire ressortir les yeux, colle des paillettes tout autour.

Tu peux ajouter des moustaches supplémentaires.

Mets d'abord le costume de base (sauf les gants). Le masque et les gants viennent en dernier.

Enfile de l'élastique dans les trous du masque et attache-le autour de la tête.

Accroche la queue de l'intérieur à l'aide de deux épingles de sûreté.

Tu peux aussi attacher la queue au poignet avec de l'élastique.

Scotche un long fil à la tête du poisson, puis attache-le à un doigt.

Mets d'épaisses chaussettes blanches roulées sur les chevilles.

Vampire géant

Vêtements de base : sweat-shirt et pantalon de survête-ment noirs ; gants, chaussettes et chaussures de gym noirs.
A faire : ailes ; bonnet. Regarde page 28 ce qu'il te faut pour les réaliser.

Le bonnet

Coupe les jambes du collant et enfile la culotte sur la tête. Attache les bouts avec un élastique et coupe ce qui dépasse. Retourne. Décalque le modèle d'oreille de la page 32 et découpe deux oreilles dans du feutre noir. Tire doucement dessus avec les pouces pour les creuser. Plie un côté de chaque oreille comme indiqué et couds-les à la taille du collant à 10 cm l'une de l'autre.

Les ailes

Suis les étapes 2 à 5 à droite pour faire les ailes des deux costumes. L'étape 1 montre comment préparer un grand sac noir en plastique pour les ailes de la chauve-souris. Pour celles du papillon, utilise du tulle. Regarde page ci-contre comment décorer ces dernières.

Descends le bonnet sur les oreilles pour dissimuler les cheveux.

Tu peux acheter dans un magasin de farces et attrapes des dents de vampire en plastique et un loup noir, ou te les dessiner sur le visage avec des fards.

Mets des chaussettes noires roulées sur les chevilles et des chaussures de gym noires.

Fais-toi aider pour scotcher ou épingler le bord droit des ailes sur les bras et dans le dos d'un poignet à l'autre.

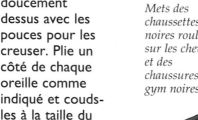

1. Pose le sac plastique à plat. Coupe le fond, un des côtés et aplatis les plis. Replie en deux et épingle.

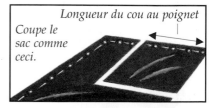

Longueur du cou au poignet

Coupe le sac comme ceci.

2. Fais-toi mesurer de la base du cou à un poignet. Coupe le sac ou le tulle en un carré de la dimension obtenue.

Papillon

Vêtements de base :
justaucorps clair ou
maillot de bain ; collant
d'une couleur
contrastante ; chaussons
de danse ou pantoufles.
A faire : ailes. Voir p. 28.

Les décorations des ailes

Coupe les ailes
comme celles de
la chauve-souris
(étapes 2-5 ci-
dessous) dans
du tulle clair.

Découpe des
formes dans des
bouts de tissu
(fais les cercles
avec un verre ou
une soucoupe).

Épingle ces
formes sur les
ailes en un
motif identique
sur les deux
moitiés.

Fais un point de
couture au centre
des petites formes
et couds le
pourtour des plus
grandes.

*Pour faire les
antennes,
enroule des cure-
pipes pelucheux
sur un bandeau
assorti.*

*Tu peux faire
chevaucher
les formes
sur les ailes.*

*Mets un collier
brillant ou de jolies
boucles d'oreilles.*

*Fais ou achète un
joli loup, ou
dessine-le avec du
maquillage.*

*Attache les ailes
au dos et aux bras.
Pour cela, enfile de
l'élastique blanc
dans le tulle au
niveau des coudes.
Fais deux boucles
que tu passes sur
les bras. Procède
de même aux
poignets ou utilise
du scotch double
face.*

Long côté plié

Petit triangle

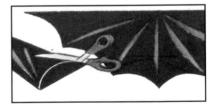

3. Rabats l'angle supérieur droit
sur l'angle inférieur gauche et
épingle. Rabats le long côté plié
sur le bord gauche.

4. Retourne le plastique ou le
tulle. Épingle la partie supérieure,
plus petite, au reste. Coupe le
petit triangle au bout.

5. Dessine une ligne incurvée
entre les angles du petit côté
avec un stylo-bille. Découpe-la
et ouvre le pliage.

Squelette

Vêtements de base : vieux sweat-shirt noir avec capuchon ; collant noir épais (ou pantalon serré de vieux survêtement et chaussettes) ; gants lavables.
A faire : peindre les os sur les vêtements ; chaîne. Voir la liste page 28.

Avant de rabattre le capuchon, dessine-toi avec des fards un visage blanc avec des orbites et une bouche noires ou mets un masque de squelette.

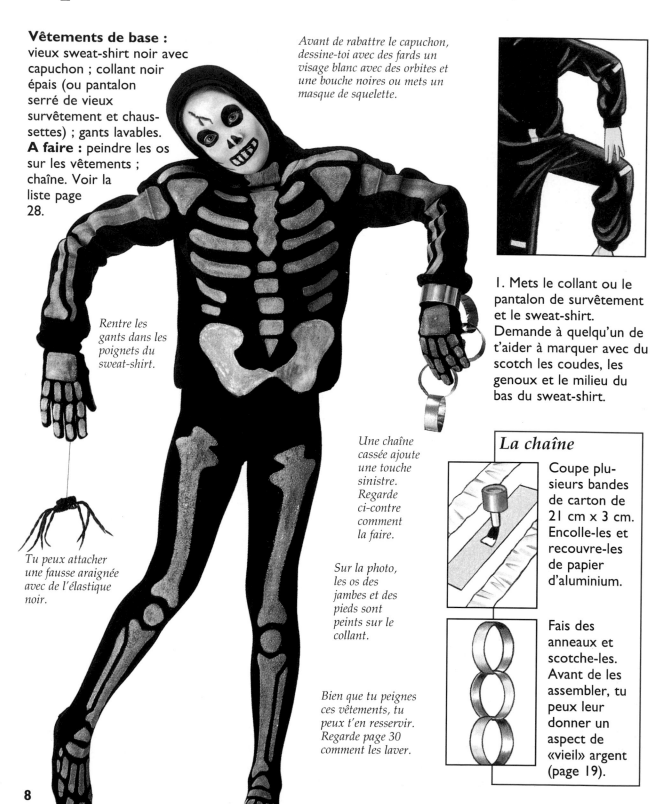

Rentre les gants dans les poignets du sweat-shirt.

Tu peux attacher une fausse araignée avec de l'élastique noir.

Une chaîne cassée ajoute une touche sinistre. Regarde ci-contre comment la faire.

Sur la photo, les os des jambes et des pieds sont peints sur le collant.

Bien que tu peignes ces vêtements, tu peux t'en resservir. Regarde page 30 comment les laver.

1. Mets le collant ou le pantalon de survêtement et le sweat-shirt. Demande à quelqu'un de t'aider à marquer avec du scotch les coudes, les genoux et le milieu du bas du sweat-shirt.

La chaîne

Coupe plusieurs bandes de carton de 21 cm x 3 cm. Encolle-les et recouvre-les de papier d'aluminium.

Fais des anneaux et scotche-les. Avant de les assembler, tu peux leur donner un aspect de «vieil» argent (page 19).

8

2. Maintiens les côtés du capuchon serrés sous le menton avec des épingles de sûreté. Enlève le sweat-shirt et couds les bords avec du fil noir.

3. Pose le sweat-shirt à plat. Bourre les manches et le buste avec de vieux journaux pliés. Aplatis les journaux le plus possible.

Comment peindre les os

Délaye de la peinture blanche dans un peu d'eau pour obtenir un liquide un peu épais. Copie ces formes. Peu importe si elles ne sont pas exactement comme l'original, elles ressembleront tout de même aux os d'un squelette.

Il y a un os dans le bras.

Il y a deux os plus petits dans l'avant-bras.

Fais une grosse tache en haut de la main.

Des petits pâtés allongés forment les os des doigts.

Clavicule

Côtes

Colonne vertébrale

Bassin, à peindre sur le sweat-shirt.

L'os des cuisses est noueux aux extrémités.

Genoux

Il y a deux os plus minces en dessous du genou.

Les os des pieds sont effilés du côté des orteils.

4. Scotche le sweat-shirt sur du papier journal pour qu'il reste en place. Peins les os comme indiqué à droite avec un petit pinceau de peintre.

5. Bourre le collant ou le pantalon de survêtement avec du papier journal plié et peins les os des jambes comme ci-contre. Commence par les genoux.

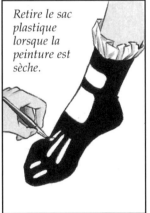

Retire le sac plastique lorsque la peinture est sèche.

6. Peins les os des mains sur les gants. Passe un sac plastique sur le pied, puis la chaussette ou le pied du collant. Peins les os avec un pinceau plus petit.

9

Boxeur

Vêtements de base : peignoir uni de couleur vive (soyeux de préférence) ; short assorti ; chaussures de gym ou baskets noires ou blanches, avec des lacets blancs ; chaussettes de sport ; deux bandages.

A faire : ceinture ; initiales sur le peignoir. Regarde la liste page 28.

Trace un filet de sang avec du maquillage rouge.

Mets du gel sur les cheveux et lisse-les en arrière.

Marque l'ecchymose avec des fards à paupières gris, mauve et vert.

La ceinture de champion

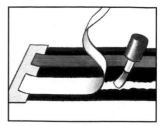

1. Encolle le carton noir. Pose dessus le ruban bleu et le blanc en appuyant bien. Essuie la colle en trop avec un chiffon sec.

Tu peux ajouter des épaulettes dans le peignoir.

2. Une fois sec, agrafe la frange ou le galon en bas du ruban blanc. Couvre les agrafes au dos avec du scotch.

Mets la ceinture autour de la taille et scotche-la.

Le peignoir

Avec un feutre, dessine tes initiales sur les carrés de feutre et découpe-les.

Découpe des petits carrés de feutre dans les chutes, à placer après chaque lettre.

Colle au dos du peignoir avec du scotch double face.

Scotche l'extrémité d'un bandage sur chaque paume. Demande à un ami d'enrouler le bandage serré autour de la main et du poignet. Retiens avec des épingles de sûreté.

Fais des torsades avec du papier argenté et colle-les autour de la médaille pour la décorer. Tu peux ajouter quelques boucles en plus.

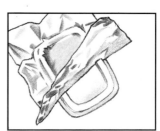

3. Encolle bien le couvercle de la barquette de margarine. Recouvre-le de papier d'aluminium, appuie fort, rabats les bords en dessous et scotche-les.

Personne devant derrière

4. Pose le couvercle sur la photo d'un boxeur. Trace le pourtour au crayon et découpe la forme.

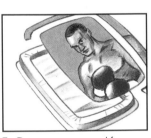

5. Rogne encore ½ cm autour de la photo. Colle-la au centre du couvercle, le papier argenté formant le cadre.

6. Pose le milieu de la ceinture sur le couvercle (les deux étant à l'envers) et scotche. Redresse les côtés de la ceinture pour que la médaille reste à plat lorsque tu la mets.

Ce costume fait le plus d'effet si tu mets des vêtements chics, car les habits décontractés se ressemblent devant et derrière. Cette plaisanterie convient aussi bien pour d'autres déguisements. Essaie par exemple un monstre sens devant derrière (voir page 22).

Vêtements de base : chemise ; cravate ; blazer ; jupe ; chaussettes ou collant et chaussures.
A faire : modifications du masque. Voir p. 28.

Le masque

Frotte la surface d'un masque en plastique avec du papier de verre fin.

Scotche du papier sur les yeux à l'intérieur du masque. Peins les globes oculaires sur le devant.

Peins les joues, les sourcils et la bouche avec un mélange de peinture et de colle.

Pour faire vraiment de l'effet, tiens la tête en arrière pour que le menton du masque reste bas.

Des lunettes sur le masque complètent bien l'ensemble.

Lorsque tu marches, les bras et les jambes semblent bouger dans la mauvaise direction.

Tu vois ici à quoi ressemble le modèle lorsque la personne se tourne.

Se préparer

Mets une chemise, une cravate, un blazer et une jupe devant derrière. Fais-toi aider pour boutonner la chemise et faire le nœud de cravate.

Mets le masque derrière la tête. Arrange les cheveux tout autour pour que l'ensemble ait l'air naturel. Tu peux mettre une perruque.

Homme sans tête

Regarde page 28 tout ce qu'il te faut, puis suis les étapes expliquées sur les trois pages suivantes.

Vêtements de base : pantalon de survêtement noir ; tee-shirt blanc ; bottes noires ; broche.
A faire : tête ; armature des épaules ; modifications d'une vieille chemise d'homme, blanche et grande ; haut des bottes ; large ceinture.

La chemise

Enroule le carton de 60 cm x 5 cm de façon qu'il fasse presque deux fois le diamètre de l'intérieur du col. Agrafe les extrémités.

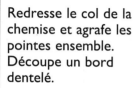

Redresse le col de la chemise et agrafe les pointes ensemble. Découpe un bord dentelé.

Agrafe le cercle de carton à l'intérieur du col et coupe ce qui dépasse du bord dentelé.

Coupe les manchettes et lacère l'extrémité des manches.

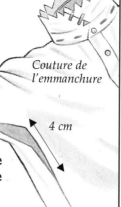

Couture de l'emmanchure

4 cm

Défais ou coupe les coutures de la manche et du buste sur 4 cm de chaque côté de la couture de l'emmanchure.

L'armature des épaules

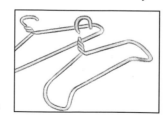
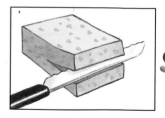

1. Forme un rectangle avec un cintre en fil de fer. Recourbe les bouts, tords le crochet pour le casser et redresse la pointe. Fais-toi aider d'un adulte.

2. Entoure la pointe de plusieurs couches de scotch. Si l'éponge a plus de 2,5 cm d'épaisseur, demande à un adulte de la couper transversalement à cette dimension.

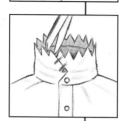
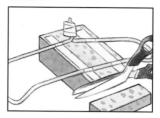
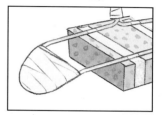

3. Pose l'éponge sous le cintre. Si elle dépasse de plus de 1,5 cm, coupe les bords. Scotche-la soigneusement sur le cintre.

4. Scotche une épaulette à chaque bout du cintre. Place la chemise sur l'armature et scotche la pointe à l'intérieur de la bande du col, derrière.

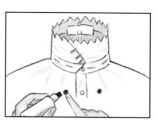

5. Boutonne les premiers boutons et pose chemise et armature sur ta tête. Marque l'emplacement de tes yeux au feutre. Enlève le tout et perce les trous des yeux.

6. Remplis l'ouverture du cou avec du papier. Fronce la dentelle ou le napperon et épingle avec une broche. Tache la chemise avec un mélange de peinture rouge et de colle.

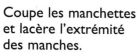
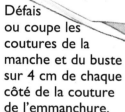

Resserre les manches près des poignets avec des élastiques.

Imprègne de «sang» l'extrémité déchirée des manches.

Pour cacher les trous des yeux, colle du tulle blanc par-dessus sur l'intérieur et peins avec du «sang». Cela ne t'empêchera pas de voir.

Rentre les jambes du pantalon dans les bottes.

Scotche une longue bande de tissu ou de feutre noir sur l'intérieur des bottes, en haut, et rabats-la à l'extérieur.

Regarde page suivante comment faire la tête.

Pour la ceinture, utilise un long morceau de tissu ou une longue écharpe et fais un nœud sur le côté.

Mettre la chemise

Enfile d'abord le tee-shirt blanc et le pantalon du survêtement, et rentre le tee-shirt dedans.

Colle des bouts de scotch double face sur l'intérieur de la chemise, autour des trous des yeux.

Boutonne les deux premiers boutons de la chemise. Pose l'armature sur la tête.

Boutonne les autres boutons de l'extérieur, ou fais-toi aider.

Presse les morceaux de scotch contre ton visage pour tenir le tout en place.

Passe les bras dans les manches de la chemise. Ouvre un peu plus les coutures si nécessaire.

Rentre soigneusement la grande chemise dans le pantalon de survêtement.

Regarde page suivante comment faire la tête.

13

Tête de l'homme sans tête

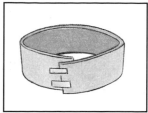

Recouvre le cou.

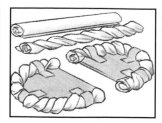

1. Forme un cercle avec le carton de 40 cm x 8 cm. Fais chevaucher les bouts sur 3 cm et scotche-les. C'est le cou.

2. Gonfle le ballon et fais un nœud. Scotche-le, le nœud en bas, à l'intérieur du cou. Colle dessus des carrés de papier journal de 3-4 cm.

3. Encolle les carrés de papier et ajoutes-en d'autres jusqu'à ce que tu aies à peu près quatre couches. Une fois sec, coupe le cou en dents de scie.

4. Découpe deux oreilles en carton. Retournes-en une pour avoir une oreille droite et une gauche. Scotche du papier torsadé tout autour, puis scotche les oreilles.

Colle une frange de laine tout autour de la tête pour faire les cheveux.

Attache plusieurs longs morceaux de laine ensemble en leur milieu pour les moustaches.

Petits bouts de laine pour les sourcils et la barbe.

Fais des yeux injectés de sang et de minces lèvres pâles.

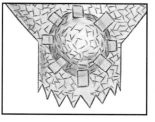

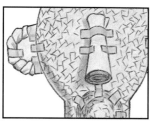

5. Fais une boule avec du papier journal et enveloppe-la dans un autre morceau pour faire le menton. Scotche-le au bas du visage.

6. Enroule une bande de papier journal de 10 cm de large et scotche-la. Aplatis un côté du rouleau et scotche-le à l'endroit du nez. Il restera peut-être en l'air.

Tu peux ajouter une boucle d'oreille.

Bourre le cou de papier journal et peins-le, ainsi que la base du cou, en rouge.

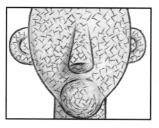

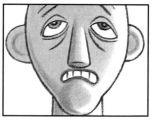

7. Colle d'autres carrés de papier sur les oreilles, le nez et le menton pour cacher les jointures et faire adhérer au visage. Utilise des bandes sur le nez.

8. Une fois sec, crève le ballon. Peins la tête de la couleur de la peau. Ajoute des yeux et une bouche. Colle des cheveux et une barbe comme ci-contre.

Épouvantail

Pour cet épouvantail, rassemble le matériel indiqué sur la liste de la page 28, puis procède comme suit.

Le nez en carotte

Fais un cône avec du papier rigide de 26 cm x 18 cm. Suis les étapes 1 à 3 de la page 24. Serre bien pour un cône mince. Perce des trous pour y passer un élastique que tu attaches autour de la tête. Peins en orange.

Mets le nez et le chapeau en dernier.

La paille

Pour faire les bandeaux de paille pour les poignets, les chevilles et le chapeau, colle de la paille entre deux épaisseurs de scotch.

Enfile des gants.

Mets une écharpe de couleur vive autour du cou.

Mettre le costume

Enfile le tee-shirt, le pantalon et la veste. Retiens le pantalon avec une ficelle.

Place un bandeau de paille (voir ci-dessus) à l'intérieur des manches et des jambes du pantalon et noue une ficelle tout autour.

Scotche des bandeaux de paille sur l'intérieur du chapeau. N'en mets pas à l'endroit du visage.

Mets des bottes ou de vieilles chaussures.

Noircis ton visage avec de la terre, ou utilise du maquillage pour le peindre en marron clair avec des rides plus foncées.

Glisse une petite souris ou un oiseau dans la poche de poitrine.

Attache de la ficelle autour des jambes du pantalon, au niveau des genoux.

Glisse un mouchoir de couleur vive dans une poche latérale.

Colle ou couds des pièces de couleur sur le pantalon.

Superhéros

Ce superhéros et la superhéroïne de la page 18 ont plusieurs pièces de costume en commun. Tu trouveras ici comment faire la ceinture, les manchettes et le plastron, et en page 19 comment faire la cape. Le garçon porte un masque et la fille un bandeau. Regarde page 29 la liste du matériel.

Vêtements de base : sweat-shirt et pantalon de survêtement assortis ; baskets ; chaussettes épaisses.

A faire : plastron ; ceinture ; masque ; manchettes ; cape.

Le plastron

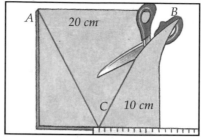

A 20 cm *B*

C 10 cm

1. Découpe un carré de carton mince de 20 cm de côté. Marque le milieu d'un côté (C). Trace des lignes entre A, B et C, et découpe-les.

Lettre découpée

2. Coupe un morceau de carton épais de 9 cm x 8 cm. Dessine ton initiale dessus, en gros, et découpe-la. Découpe aussi le centre de la lettre.

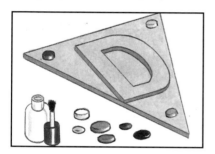

3. Colle la lettre sur le plastron, comme ceci. Colle d'autres détails formant un motif, tels boutons et capsules de bouteilles, et laisse sécher.

Appuie bien sur toutes les formes.

4. Coupe un morceau de papier argenté plus grand que le plastron. Encolle ce dernier et recouvre-le avec le papier en appuyant. Pars du milieu.

Regarde comment faire la cape page 19.

5. Frotte les parties plates avec un chiffon doux pour les lisser et les faire briller. Une fois sec, coupe le papier tout autour en laissant dépasser 1 cm.

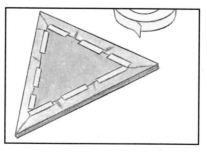

6. Retourne le plastron. Rabats le bord du papier au dos et scotche-le. Regarde page 19 comment donner au papier un aspect de «vieil» argent.

Mets des chaussettes épaisses dont la couleur contraste avec celle du survêtement. Roule-les sur les chevilles.

*On a donné à tous
ces accessoires un
aspect de «vieil»
argent (voir
page 19).*

*Regarde comment mettre
l'ensemble du costume page 19.*

Le masque

Copie le modèle de masque de la page 32 sur un carton mince de 30 cm x 9 cm. Découpe-le, encolle-le et recouvre de papier argenté. Fais les fentes des yeux, rabats les côtés en arrière et scotche-les. Ajoute l'élastique (page 30).

La ceinture

Coupe un morceau de carton mince de 80 cm x 7 cm et un autre de papier argenté de 81 cm x 8 cm. Encolle le carton et colle le papier. Rabats le bord et scotche-le.

Découpe un petit triangle de carton, ajoute une initiale en carton et recouvre de papier argenté, comme pour le plastron. Colle au milieu de la ceinture.

Les manchettes

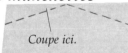

Coupe ici.

Prends un morceau de carton mince de 22 cm x 15 cm. Coupe un des longs côtés en pointe. Encolle et recouvre de papier argenté. Fais deux manchettes.

Superhéroïne

Vêtements de base : maillot de bain uni de couleur vive ; tee-shirt à manches longues et collant dont les couleurs contrastent ; chaussettes hautes assorties au maillot ; baskets ou chaussures de gym.
A faire : plastron ; ceinture ; manchettes. (Voir pages 16-17.)
Bandeau ; cape. Voir p. 29.

Le bandeau

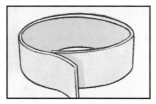

Prends une bande de carton mince de 9 cm de large et assez longue pour t'en entourer la tête.

Marque le milieu.

Pointe

Découpe un des longs côtés de manière que le bandeau soit étroit à chaque bout et en pointe au milieu.

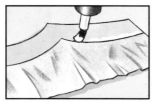

Découpe la même forme dans du papier argenté, avec 1 cm de plus. Colle le papier au carton, rabats le bord et scotche.

Mets le bandeau autour de la tête, fais chevaucher les extrémités et scotche-les.

Pour le plastron, la ceinture et les manchettes, procède comme pour ceux du superhéros (pages 16-17).

Tu peux faire une cape plus courte que celle du superhéros.

Regarde page ci-contre comment mettre les accessoires.

Tu peux te dessiner des étoiles sur le visage avec du maquillage ou utiliser des autocollants.

Descends les chaussettes sur les chevilles.

Enfile le maillot de bain par-dessus le collant et le tee-shirt.

La cape

Utilise un morceau de tissu soyeux de 1 m x 90 cm. De la doublure convient bien. Elle brille et existe en plusieurs couleurs, souvent en 90 cm de large.

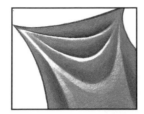

Attache un élastique aux deux angles d'un des côtés courts de la cape, en prenant environ 12 cm du tissu, qui sera ainsi froncé.

Le «vieil» argent

Pour donner un aspect de «vieil» argent aux accessoires, peins-les avec un mélange peu épais de gouache noire et de colle.

Une fois sec, enlève autant de peinture noire que tu veux avec un chiffon humide. Ton accessoire sera d'un argent terne, comme du vieux métal.

Mettre les costumes

Lorsque tu mets les costumes de superhéros ou de superhéroïne, commence par les vêtements de base. Rentre le sweat-shirt du superhéros dans le pantalon. Le collant et le tee-shirt de la superhéroïne doivent faire le moins de plis possible sous le maillot. Ajoute les épaulettes. Puis fais-toi aider pour mettre les accessoires que tu as fabriqués, comme ci-dessous.

Place la ceinture à la taille. Fais chevaucher les extrémités dans le dos et scotche-les ensemble.

Ramène les extrémités de la cape sur les épaules et attache-les au buste avec des épingles de nourrice.

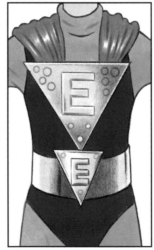

Mets le plastron par-dessus la cape. Agrafe-le pour le maintenir en place ou sers-toi de scotch double face.

Les pointes vers le haut, sur l'extérieur des bras

Scotche sous le poignet.

Place les manchettes autour des poignets, fais chevaucher les bords et scotche. Ajoute le masque ou le bandeau.

D'autres héros

Ces costumes comportent les mêmes accessoires que ceux du superhéros et de la superhéroïne. Tu peux modifier la forme du plastron et ajouter d'autres détails, tels qu'un masque, une tunique ou un capuchon, pour d'autres personnages, comme ceux ci-dessous.

Seigneur de l'espace et guerrier fantôme

Vêtements de base : sweat-shirt et collant ou pantalon de survêtement noirs ; chaussettes noires épaisses ; chaussures noires.
A faire : ceinture ; manchettes ; plastron ; cape. (Voir pages 16-19.) Tunique ; masque pour le seigneur de l'espace. Tunique ; capuchon pour le guerrier fantôme. Regarde ce qu'il te faut page 29.

Peins un visage fantomatique.

Glisse une épée jouet dans une autre ceinture.

Le mauve convient bien pour la cape.

Le seigneur de l'espace a une ceinture en plus, des gants noirs et une bague en papier argenté torsadé.

Coupe la cape et la tunique du guerrier fantôme en lambeaux.

La tunique

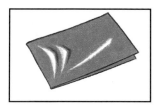

Il te faut du tissu soyeux, le double de ta hauteur des épaules aux chevilles, et d'une largeur de la distance entre tes deux épaules.

Joins les côtés courts et épingle le pli. Pose une petite assiette au centre du pli de façon qu'elle chevauche le tissu à demi.

Trace le pourtour de la moitié de l'assiette avec un feutre noir. Découpe la forme. Retire les épingles. Passe sur la tête pour voir si ça va.

Le masque du seigneur de l'espace

Décalque et découpe les formes de la page 31 dans du carton mince. Colle les éclairs, puis encolle et recouvre de papier argenté en laissant dépasser 1 cm, à rabattre au dos. Fixe le masque à la tête avec des bandes en carton.

Le capuchon

Plie le tissu mince noir en mettant bout à bout les côtés courts.

Agrafe un des longs côtés, retourne le capuchon et mets-le sur la tête.

Rentre la base dans le col du sweat-shirt et arrange autour du visage.

Savant fou

Vêtements de base :
vieille chemise blanche à ta taille ; vieille cravate ; grande chemise d'homme, vieille, blanche, avec une poche ; pantalon uni foncé ; chaussettes et chaussures foncées ; vieilles lunettes.
A faire : préparer les chemises et la cravate ; bouteilles d'expérimentation ; formule secrète. La liste de la page 29 te donne ce qu'il te faut.

1. Coupe le col, les manchettes et le bas de la chemise d'homme, ainsi que le bout de la cravate, en dents de scie. Enduis d'un peu de peinture noire.

2. Mets des bouts de papier noir dans une bouteille en plastique. Découpe et peins une explosion en carton avec une longue pointe à introduire dans la bouteille.

3. Peins l'intérieur d'une autre bouteille en plastique coupée avec un mélange de peinture verte et de colle. Scotche à l'intérieur une paille fantaisie.

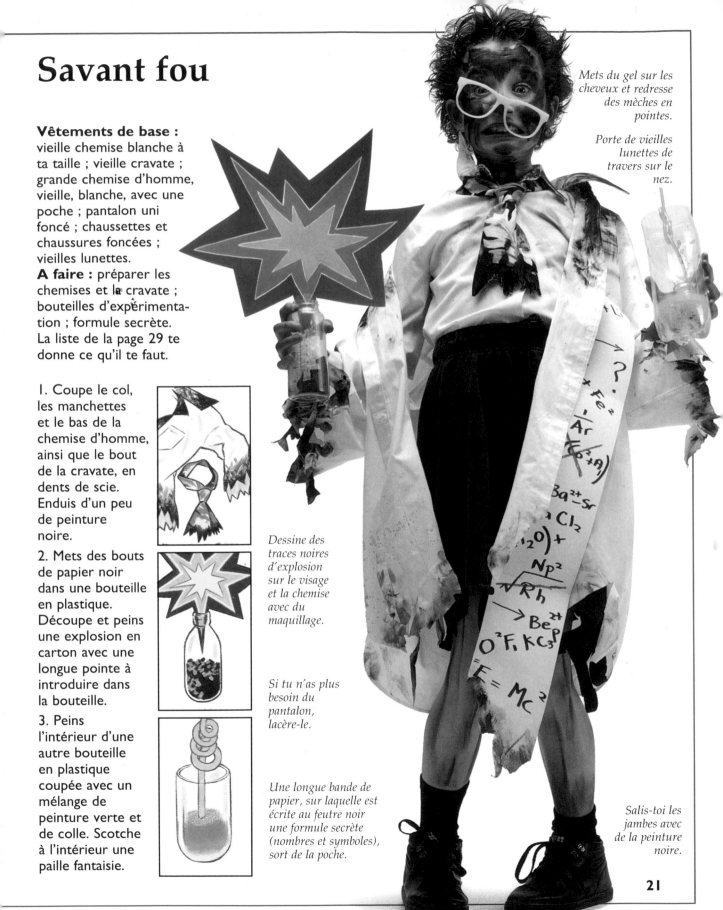

Mets du gel sur les cheveux et redresse des mèches en pointes.

Porte de vieilles lunettes de travers sur le nez.

Dessine des traces noires d'explosion sur le visage et la chemise avec du maquillage.

Si tu n'as plus besoin du pantalon, lacère-le.

Une longue bande de papier, sur laquelle est écrite au feutre noir une formule secrète (nombres et symboles), sort de la poche.

Salis-toi les jambes avec de la peinture noire.

21

Monstre de l'espace

Vêtements de base : grand survêtement noir ; chaussettes noires, chaussures de gym et gants ; tee-shirt.
A faire : masque ; queue ; peindre le corps.

Le masque

Pli

1. Décalque et découpe les formes de la page 31 dans du papier rigide noir. Peins un motif vert foncé sur une moitié du masque.

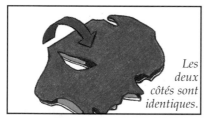

Les deux côtés sont identiques.

2. Plie le masque le long du pointillé, appuie et ouvre pour étaler la peinture des deux côtés. Recommence avec du vert clair. Fais de même sur le museau.

Mets le masque en dernier : tiens-le sur le visage et demande à quelqu'un de t'entourer la tête avec les bandes et de les scotcher derrière.

Regarde page 29 tout ce qu'il te faut.

Mets des gants noirs.

Regarde page 30 comment enlever la peinture de ces vêtements.

Pour fabriquer les antennes des doigts, fais un trou dans des compartiments de boîtes à œufs. Enfonces-y des cure-pipes et recourbe le bout pour les maintenir en place. Peins en noir. Enroule l'autre extrémité sur les doigts.

Modifier la silhouette

Enfile un tee-shirt. Place une éponge ou une boîte à œufs sur chaque épaule. Fais-toi aider pour les scotcher de manière à faire d'énormes épaulettes. Scotche tout autour de l'aisselle.

3. Entoure un œil de peinture rouge. Plie le masque pour marquer l'autre œil. Peins des dents et des narines rouges sur le museau. Laisse sécher.

Le museau est incliné vers le bas.

Languettes repliées vers l'intérieur

4. Rabats les languettes du museau en arrière et plie leur bout sur 2½ cm. Colle-les à plat sur le devant du masque, près de la base.

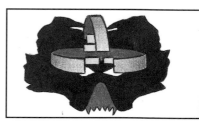

5. Scotche les bandes de carton de 30 cm x 4 cm au dos du masque, comme ceci, et replie-les en une forme incurvée vers l'arrière.

22

Le corps

1. Pose le sweat-shirt sur du papier journal. Fais des taches de gouache vert foncé sur une moitié.

2. Plie le sweat-shirt en deux. Passe un rouleau à pâtisserie dessus. Répète avec du vert clair.

Attache la queue au poignet avec du fil.

3. Procède de même sur le pantalon. Peins une jambe, rabats-la sur l'autre et passe le rouleau.

La queue

Coupe une jambe du collant et bourre-la de papier journal roulé en boule. Attache le côté ouvert avec du fil noir solide.

Délaye de la peinture verte avec de la colle dans une assiette. Trempes-y un chiffon roulé en boule et applique par petits coups sur la queue.

Peins les pointes en noir.

Attache la queue au pantalon, derrière et sur l'intérieur, avec une grosse épingle de nourrice.

Enfile le sweat-shirt de monstre par-dessus le tee-shirt et les épaulettes.

Roule les chaussettes.

Pour les pointes, coupe des triangles dans une éponge. Colle-les au bout de la queue.

Sorcier

Vêtements de base : collant ou pantalon de survêtement, chaussettes, sweat-shirt rouges.
A faire : tunique ; chapeau ; pendentif ; baguette ; cheveux ; barbe ; moustache.

La tunique

Fais une tunique dans du tissu fin rouge. Suis les étapes de la page 20, en prenant les mesures de la page 29.

Le chapeau

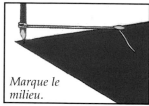

Marque le milieu.

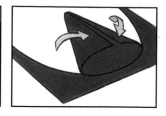

1. Attache de la ficelle à un crayon et pose-le à un angle du papier rouge. Tends la ficelle et épingle-la au milieu d'un long côté.

2. Trace un demi-cercle jusqu'à l'autre angle du papier (en gardant la ficelle tendue). Découpe et forme un cône en suivant la courbe.

3. Fais chevaucher les angles de façon que le cône soit ajusté à ta tête. Retiens avec des trombones, puis scotche.

4. Décalque l'étoile de la page 31 sur du carton mince et découpe-la. Plie le papier brillant rouge sur plusieurs épaisseurs.

5. Trace le contour de l'étoile sur le papier. Découpe ce motif pour obtenir plusieurs étoiles et colle-les sur le chapeau.

6. Fais un trou de chaque côté du chapeau avec un crayon. Passes-y un élastique à glisser sous le menton.

La baguette

Enroule le bâton dans du papier brillant rouge. Colle ou scotche. Scotche plusieurs morceaux de ficelle de couleur et scotche le tout à un bout.

La barbe, la moustache et les cheveux

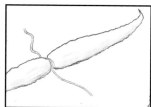

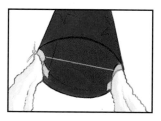

1. Coupe 23 cm x 19 cm d'ouate en forme de goutte d'eau. Arrondis le haut. Fais des bandes en bas et tire dessus pour les effiler.

2. Coupe un autre morceau d'ouate de 32 cm x 2 cm. Attache un fil blanc au milieu et tire sur les pointes pour former la moustache.

3. Coupe deux bouts d'ouate de 30 cm x 4 cm aux deux tiers du milieu dans la longueur. Scotche-les au chapeau à 12 cm d'intervalle.

Mettre le costume

Enfile costume de base et tunique. Colle les bandes de scotch sur la peau sèche. Colle barbe et moustache. Ajoute le pendentif et le chapeau.

Le pendentif

Encolle le couvercle de la barquette et recouvre-le de papier argenté. Coupe-le à 2 cm du bord, replie-le scotche.

Entoure les boules de gomme avec des torsades de papier. Réunis les bouts et coupe ce qui dépasse.

Encolle le couvercle et dispose les boules de gomme en motif. Bouche les trous avec de la boule de gomme.

Étale une épaisse couche de colle sur le couvercle. Elle sera d'abord opaque, mais s'éclaircira en séchant.

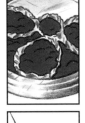

Scotche des bandes de papier argenté torsadées au dos du couvercle, tout autour, et donne-leur une forme sinueuse.

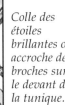

Tu peux ajouter des sourcils en ouate.

Dessine des rides autour des yeux avec du maquillage.

Tu peux également coller des étoiles sur les ficelles de la baguette.

Si tu veux, ajoute de l'ouate tout autour du chapeau.

Colle un ruban argenté au dos du pendentif pour pouvoir le suspendre au cou.

Pour empêcher le pendentif de se balancer, colle-le à la tunique avec du scotch double face.

Colle des étoiles brillantes ou accroche des broches sur le devant de la tunique.

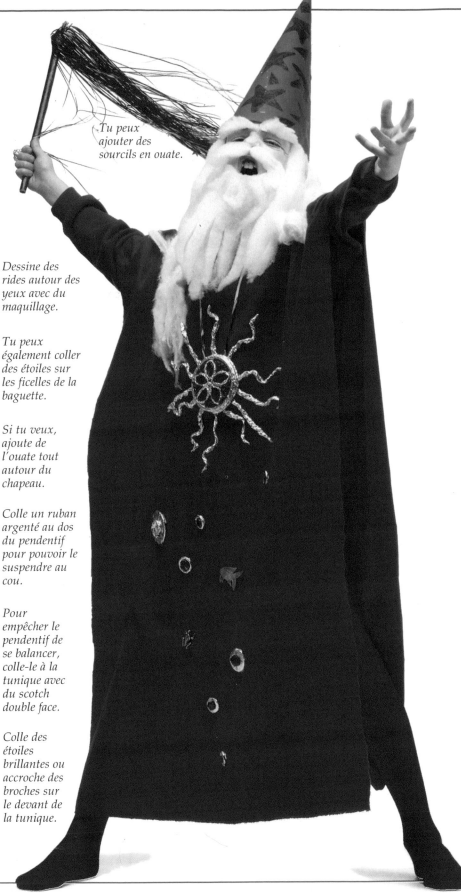

Serveur rigolo

Ce serveur porte un plateau magique d'où rien ne tombe... mais les gens l'ignorent.

Vêtements de base : veste et pantalon noirs ; chemise blanche ; nœud papillon ; chaussettes et chaussures noires ; gants blancs ; grande serviette blanche en tissu.
A faire : queue de pie ; plateau. Voir page 29.

La queue de pie

Coupe un long triangle de tissu noir en deux, comme ceci.

Couds ou agrafe les deux morceaux au bas de la veste, derrière.

Mets d'abord tous les vêtements de base, nœud papillon et gants en dernier.

Tu peux te dessiner une moustache frisée avec du maquillage.

Utilise une vieille serviette sur le plateau, car tu dois étaler de la colle dessus.

Tu peux faire cette même plaisanterie avec un costume de serveuse.

Demande à quelqu'un de coller des morceaux de scotch double face sur la main gantée avec laquelle tu vas porter le plateau, puis d'y fixer le plateau en appuyant bien fort.

Le plateau

Lave la moitié d'une coquille d'œuf vide et sèche-la. Enduis-la bien de colle, au-dedans et au-dehors.

Colle la coquille sur un coquetier en plastique et colle celui-ci sur une assiette en carton.

Fais une fleur (voir à droite), que tu glisseras dans la boutonnière ou épingleras au revers de la veste.

Trempe une fleur blanche dans de la peinture rouge pour en colorer l'extrémité des pétales.

Mets du gel sur les cheveux et fais-toi une raie au milieu.

Ajoute des objets légers sur le plateau, par exemple des couverts en plastique et une serviette en papier. Une fleur est un détail plein d'attention.

Fais semblant de trébucher et de renverser le plateau. Il restera collé à ta main.

Pose la serviette en tissu sur un bras et maintiens-la en place avec du scotch double face.

Plus tu as l'air horrifié d'avoir «renversé» le plateau, plus la plaisanterie fera de l'effet.

Les fleurs

Coupe un long morceau de papier de soie d'environ 8 cm de large. Découpe des bandes d'un côté.

Enroule le papier et scotche-le au bout. Tire sur les bandes et écarte-les pour faire les pétales.

Fais griller une tranche de pain. Lorsqu'elle est froide, coupe-la en quatre, enduis-la de colle et colle-la à l'assiette.

Mets des corn-flakes dans un bol en carton. Mélange-les à de la colle pour qu'ils adhèrent les uns aux autres.

Enduis l'intérieur d'un gobelet en plastique transparent d'un mélange de colle et de peinture blanche. Scotche une paille à l'intérieur.

Colle la serviette blanche sur le plateau. Arrange dessus tous les objets que tu as fabriqués et colle-les.

Ce qu'il te faut

Vérifie sur ces listes que tu as tout ce qu'il te faut avant de commencer.

Clown

Scotch ou agrafeuse
Plusieurs carrés de feutre de couleur vive
2 gobelets en carton
Aiguille à repriser et fil de coton de couleur vive
4 épingles de sûreté
Crayon pointu
Morceaux de scotch double face
2 morceaux de ruban large de couleur vive de 1 m de long
Carton blanc de 45 cm x 7 cm
Papier crépon rouge
Papier de soie orange et un autre morceau de couleur vive
Étoiles et pastilles autocollantes
Maquillage
Vêtements de base :
tee-shirt de couleur, vieux pantalon d'homme trop grand, gants blancs, collant de couleur, chaussettes bariolées, baskets ou chaussures de gym, chapeau.

Chat noir et blanc

Papier sulfurisé ou calque
Fourrure noire mince de 70 cm x 30 cm
Ouate d'épaisseur moyenne de 35 cm x 25 cm
Carton mince noir de 23 cm x 15 cm
Carton mince blanc de 12 cm x 6 cm
Colle universelle
Agrafeuse, ciseaux
Noir pour le visage (facultatif)
Stylo-bille, crayon, feutre
Épingles et 8 épingles de sûreté
Fil de coton noir solide
Élastique à froncer noir de 55 cm et 25 cm

Papier d'aluminium
Vêtements de base :
sweat-shirt et collant épais ou pantalon de survêtement noirs, chaussettes blanches épaisses, gants blancs.

Vampire géant

Grand sac en plastique noir
Élastique
Papier calque et crayon
Mètre à ruban
Épingles
Aiguille et fil noir
Ciseaux, scotch transparent
Stylo-bille
Feutre noir de 28 cm x 24 cm
Vieux collant noir épais
Maquillage ou fausses dents de vampire
Vêtements de base :
survêtement noir, chaussettes, gants et chaussures de gym noirs.

Papillon

Épingles
Tulle clair, de 80 cm de long et de la largeur d'un poignet à l'autre lorsque tu écartes les bras
Bouts de tissu soyeux
Objets dont tu peux dessiner le pourtour (assiette ou verre)
Feutre, ciseaux
Élastique à froncer fin blanc
Bandeau
2 cure-pipes pelucheux
Aiguille et fil
Maquillage
Vêtements de base :
justaucorps clair ou maillot de bain, joli collant d'une couleur contrastante, chaussons de danse ou pantoufles.

Squelette

Gouache noire, gouache blanche et pinceau épais
Petit pinceau de peintre
Vieux journaux
Scotch transparent
Aiguille et fil noir

2 grosses épingles de sûreté
2 petits sacs en plastique
Carton mince blanc de 21 cm x 3 cm
Papier d'aluminium, colle universelle
Fard noir et fard blanc ou masque de crâne
Vêtements de base :
vieux sweat-shirt noir avec capuchon et pantalon de survêtement bien repassés (et le plus serrés possible), avec des chaussettes, ou collant épais noir, gants noirs lavables.

Boxeur

2 carrés de feutre blanc de 10 cm de côté
2 petites épingles de sûreté
Règle, ciseaux, scotch transparent
Agrafeuse, scotch double face
Couvercle de petite barquette de margarine (de n'importe quelle forme), papier d'aluminium
Carton mince noir de 80 cm x 6 cm
80 cm de ruban bleu et 80 cm de blanc, tous deux de 1 cm de large
80 cm de frange ou de galon doré ou jaune
Colle universelle et pinceau
Photo de boxeur
Feutre noir, crayon
Chiffon sec propre, gel pour cheveux
Maquillage ou fards à paupières
Vêtements de base :
peignoir uni de couleur vive, short assorti, chaussures de gym ou baskets noires ou blanches, lacets blancs, chaussettes de sport, deux bandages (n'importe lesquels), épaulettes.

Personne devant derrière

Masque de visage, perruque facultative

Papier blanc, gouaches
Papier de verre fin
Colle universelle, scotch transparent
Vêtements de base :
chemise, cravate, blazer, jupe, chaussettes ou collant, chaussures.

Homme sans tête

1 cintre en fil de fer
2 épaulettes
Éponge en mousse de 14 cm x 11 cm
Agrafeuse, colle universelle, scotch transparent, morceaux de scotch double face
Peinture rouge et pinceau
Feutre, ciseaux
Carton mince de 60 cm x 5 cm, 2 élastiques
Morceau de dentelle blanche ou napperon
Long morceau de tissu étroit ou écharpe pour la ceinture
Vieille chemise d'homme, grande et blanche
2 morceaux de tissu ou de feutre noir de 52 cm x 17 cm
Vieux journal
Pour la tête :
1 ballon
Carton mince de 40 cm x 8 cm et 2 morceaux de 9 cm x 5 cm
Vieux journal, scotch transparent
Gouaches et pinceau
Laine marron ou noire
Vêtements de base :
pantalon de survêtement noir, tee-shirt blanc, bottes noires, grande broche.

Épouvantail

Ficelle épaisse
Bouts de tissu de couleur vive
Paille (dans les magasins d'animaux)
Scotch transparent
Feuille de papier rigide et gouache orange
Élastique à froncer
Maquillage

Vêtements de base : tee-shirt (n'importe lequel), vieux pantalon et veste trop grands, bottes ou vieilles chaussures, gants, écharpe et mouchoir de couleur vive, vieux chapeau, souris ou oiseau en jouet.

Superhéros

1 m x 90 cm de doublure de manteau dont la couleur contraste avec celle des vêtements de base
25 cm d'élastique à froncer
Agrafeuse, trombones, colle universelle, scotch transparent
3 épingles de sûreté
2 petits élastiques
2 épaulettes
Chiffon humide, vieille soucoupe
Gouache noire et pinceau
Papier sulfurisé ou calque, crayons
Carton mince aux dimensions suivantes :
20 cm x 20 cm, 80 cm x 7 cm, 15 cm x 15 cm, 30 cm x 9 cm, deux morceaux de 17 cm x 15 cm
Carton épais de 9 cm x 8 cm
Papier d'aluminium, ciseaux, règle
Capsules de bouteilles, boutons, etc.
Chiffon doux sec
Vêtements de base : sweat-shirt et pantalon de survêtement assortis, chaussures de gym ou baskets, chaussettes.

Superhéroïne

Comme pour le superhéros, plus :
Carton mince de 30 cm x 9 cm
Vêtements de base : maillot de bain uni de couleur, collant et tee-shirt à manches longues d'une couleur contrastante, chaussettes hautes assorties au maillot, chaussures de gym ou baskets.

Seigneur de l'espace

Comme pour le superhéros, plus :
Doublure de manteau noire pour la tunique, d'une largeur égale à la distance entre tes deux épaules et d'une hauteur égale à deux fois la distance entre ton cou et tes chevilles
Petite assiette
Feutre noir, épingles, papier d'aluminium
Carton mince de 31 cm x 28 cm et 2 bandes de 30 cm x 4 cm
Vêtements de base : sweat-shirt et collant épais ou pantalon de survêtement noirs, chaussettes noires, gants, chaussures de gym ou baskets, ceintures en cuir.

Guerrier fantôme

Comme pour le superhéros, plus :
Doublure de manteau grise pour la tunique (identique à celle du seigneur de l'espace)
Tissu mince noir de 90 cm x 53 cm
Maquillage ou masque de crâne
Vêtements de base : comme pour le seigneur de l'espace, plus une épée en jouet.

Savant fou

2 bouteilles en plastique
Feutre noir
Paille fantaisie
Morceau de carton mince blanc, gouaches, colle universelle
Bouts de papier noir
Longue bande de papier
Maquillage
Gel pour cheveux
Vêtements de base : vieille chemise blanche à ta taille, vieille cravate, vieux pantalon (pas un jean), vieille chemise d'homme blanche trop grande, vieilles lunettes, chaussettes et chaussures foncées.

Monstre de l'espace

Papier calque et crayon
2 grosses éponges ou 2 boîtes à œufs en carton
Papier rigide noir, 1 morceau de 50 cm x 38 cm et 3 morceaux de 30 cm x 4 cm
Scotch transparent, colle universelle
2 trombones
Gros pinceau et gouache verte et rouge
Vieille assiette (pour diluer la peinture)
Rouleau à pâtisserie
Pour la queue :
Vieux collant noir épais
Vieux journaux, chiffon, éponge
Fil noir solide
Grosse épingle de nourrice
Pour les antennes :
10 cure-pipes
10 compartiments séparés de boîtes à œufs en carton
Peinture noire
Vêtements de base : n'importe quel tee-shirt, grand sweat-shirt et pantalon de survêtement, vieux et noirs (repassés bien à plat), chaussettes hautes et gants noirs, chaussures de gym noires.

Sorcier

Tissu mince rouge d'une hauteur de deux fois la distance entre ton cou et tes chevilles et d'une largeur égale à la distance entre tes deux coudes, bras écartés
Ouate d'épaisseur moyenne de 32 cm x 29 cm
Papier rigide rouge de 77 cm x 70 cm
Crayon
45 cm de ficelle mince
70 cm de ruban argenté
Feuille de papier brillant rouge
Papier sulfurisé ou calque

Ciseaux, carton mince, fil blanc
Tuteur de jardin ou bâton
Morceaux de scotch double face, scotch transparent, colle universelle
Couvercle de barquette alimentaire ronde en plastique
Papier d'aluminium
Élastique à froncer blanc
Grosses boules de gomme rouges
Pelote de ficelle pour paquet cadeau, étroite, rouge et brillante
Vêtements de base : sweat-shirt rouge, collant ou pantalon de survêtement rouge, avec des chaussettes rouges, broches scintillantes.

Serveur rigolo

Tissu noir de 44 cm x 42 cm découpé en long triangle
Gel pour cheveux
Maquillage
Feuille de papier de soie de couleur
Morceaux de scotch double face
Aiguille et fil noir ou agrafeuse
Pour le plateau :
Carré de tissu blanc ou vieille serviette en tissu assez grande pour couvrir le plateau et retomber sur les côtés
Assiette et bol en carton
Coquetier en plastique, paille
Verre en plastique transparent
Coquille d'œuf, tranche de pain, corn-flakes
Peinture blanche, colle universelle, scotch transparent
Vêtements de base : veste et pantalon noirs, chaussettes et chaussures noires, chemise et gants blancs, nœud papillon avec élastique, serviette en tissu blanche (pour le bras).

Modèles

Les modèles sont des formes dont tu copies les contours. Tu dois les tracer en utilisant les schémas du livre. Certains sont des modèles entiers, d'autres seulement des demi-modèles. Tu procèdes différemment selon que tu copies l'un ou l'autre, comme on te l'explique ci-dessous.

En principe, tu dois recopier les formes sur du papier ou du carton, en suivant les étapes ; mais parfois, tu te serviras de la forme même comme modèle. Pour cela, tu dois la découper et la poser sur le tissu ou le papier, l'épingler ou en tracer le contour, puis découper tout autour. On indique sur le modèle ce que tu dois faire.

Comment reproduire une moitié de modèle

1. Plie le papier calque en deux, puis ouvre-le. Pose-le sur le modèle, le pli sur le bord de la page. Trace la forme.

2. Ote le calque et plie-le de nouveau en deux. Retourne-le et dessine le contour visible pour compléter la forme. Ouvre, puis suis les étapes 2 et 3 ci-dessous.

Comment reproduire un modèle

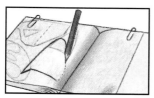  

1. Pose le papier calque sur le modèle. Fixe-le avec des trombones. Trace le contour avec un crayon foncé à mine tendre.

2. Retourne le calque. Pose-le sur le carton dont tu as besoin et repasse sur le contour avec un crayon dur pointu.

3. Repasse au crayon sur les traits légers ainsi obtenus (utilise un crayon blanc sur du papier ou du carton noir). Découpe la forme.

Laver les vêtements

Si tu peins des vêtements que tu veux remettre par la suite, fais-les tremper dans de l'eau froide, ce qui permet de décoller la peinture. Rince-les, puis presse-les bien. Lave-les ensuite à la machine. Ne mélange pas de colle à la peinture si tu veux que celle-ci parte.

Les trous des yeux *Les trous de l'élastique*

Contour

Enfonce ici.

Fentes

Enfonce un crayon ou un stylo dans le trou de l'œil. Glisses-y la lame des ciseaux et coupe des fentes jusqu'au bord de l'œil. Découpe le contour en dernier.

Fais des petits trous avec un crayon pointu. Renforce-les avec un morceau de scotch collé par-dessus, puis troue de nouveau. Passe l'élastique.

Appuie bien sur les pages pour les aplatir afin de pouvoir tracer la ligne sur la pliure centrale.

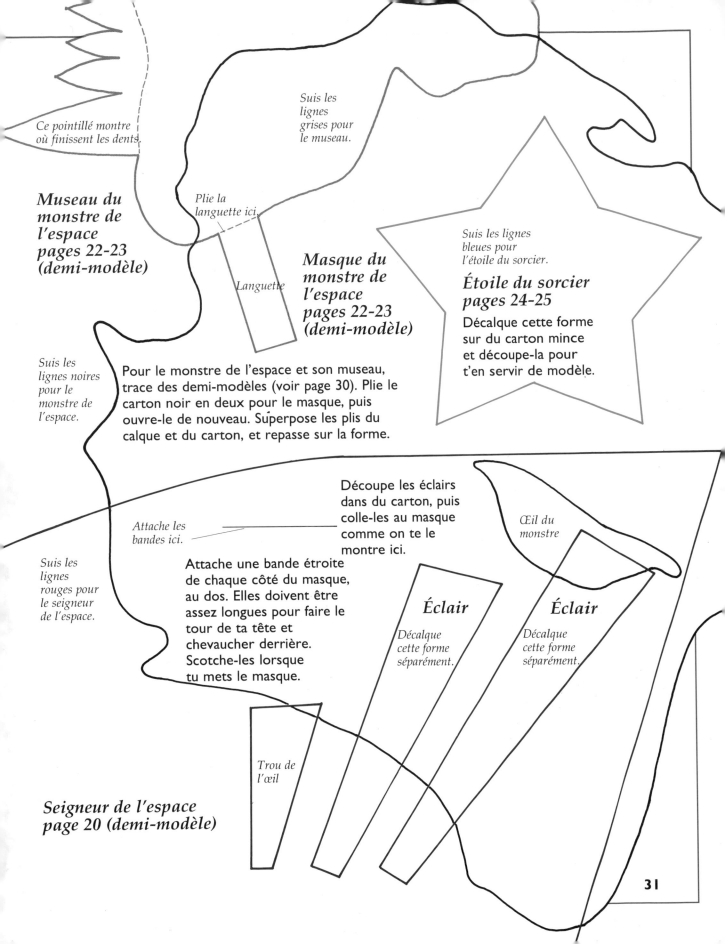

Ce pointillé montre où finissent les dents.

Suis les lignes grises pour le museau.

Museau du monstre de l'espace pages 22-23 (demi-modèle)

Plie la languette ici.

Languette

Masque du monstre de l'espace pages 22-23 (demi-modèle)

Suis les lignes bleues pour l'étoile du sorcier.

Étoile du sorcier pages 24-25

Décalque cette forme sur du carton mince et découpe-la pour t'en servir de modèle.

Suis les lignes noires pour le monstre de l'espace.

Pour le monstre de l'espace et son museau, trace des demi-modèles (voir page 30). Plie le carton noir en deux pour le masque, puis ouvre-le de nouveau. Superpose les plis du calque et du carton, et repasse sur la forme.

Attache les bandes ici.

Découpe les éclairs dans du carton, puis colle-les au masque comme on te le montre ici.

Œil du monstre

Suis les lignes rouges pour le seigneur de l'espace.

Attache une bande étroite de chaque côté du masque, au dos. Elles doivent être assez longues pour faire le tour de ta tête et chevaucher derrière. Scotche-les lorsque tu mets le masque.

Éclair

Décalque cette forme séparément.

Éclair

Décalque cette forme séparément.

Trou de l'œil

Seigneur de l'espace page 20 (demi-modèle)

31

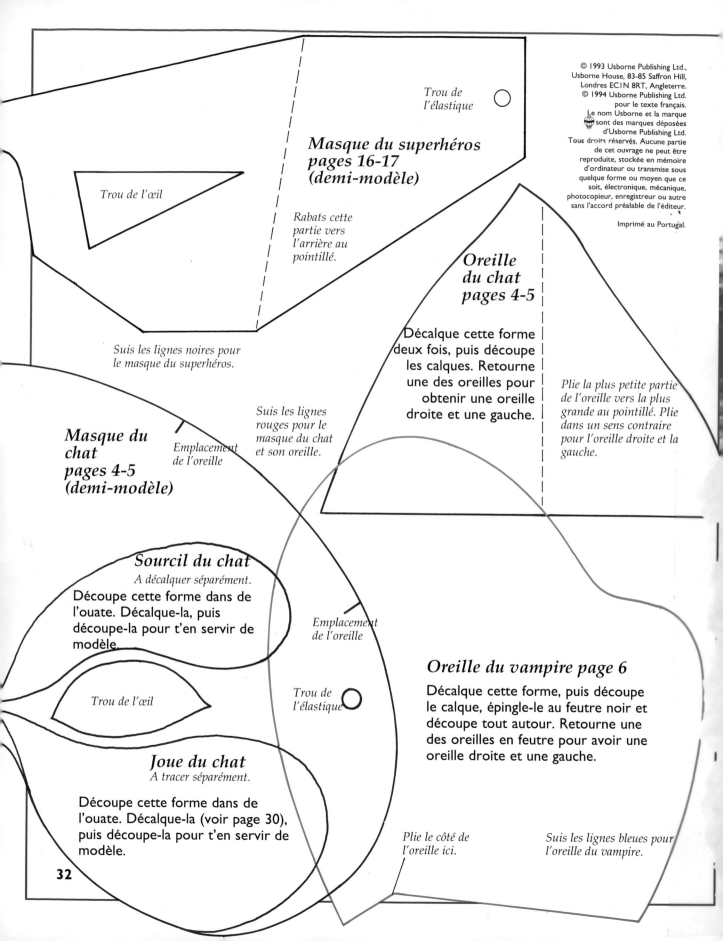

Trou de l'élastique

Masque du superhéros
pages 16-17
(demi-modèle)

Trou de l'œil

Rabats cette
partie vers
l'arrière au
pointillé.

Oreille
du chat
pages 4-5

Décalque cette forme
deux fois, puis découpe
les calques. Retourne
une des oreilles pour
obtenir une oreille
droite et une gauche.

Suis les lignes noires pour
le masque du superhéros.

Plie la plus petite partie
de l'oreille vers la plus
grande au pointillé. Plie
dans un sens contraire
pour l'oreille droite et la
gauche.

Suis les lignes
rouges pour le
masque du chat
et son oreille.

Masque du
chat
pages 4-5
(demi-modèle)

Emplacement
de l'oreille

Sourcil du chat
A décalquer séparément.

Découpe cette forme dans de
l'ouate. Décalque-la, puis
découpe-la pour t'en servir de
modèle.

Emplacement
de l'oreille

Trou de l'œil

Trou de
l'élastique

Oreille du vampire page 6

Décalque cette forme, puis découpe
le calque, épingle-le au feutre noir et
découpe tout autour. Retourne une
des oreilles en feutre pour avoir une
oreille droite et une gauche.

Joue du chat
A tracer séparément.

Découpe cette forme dans de
l'ouate. Décalque-la (voir page 30),
puis découpe-la pour t'en servir de
modèle.

Plie le côté de
l'oreille ici.

Suis les lignes bleues pour
l'oreille du vampire.